leo lionni

Frederick

Leo Lionni

Deutsch von Günter Bruno Fuchs

Middelhauve

Rund um die Wiese herum, wo Kühe und Pferde grasten, stand eine alte, alte Steinmauer.

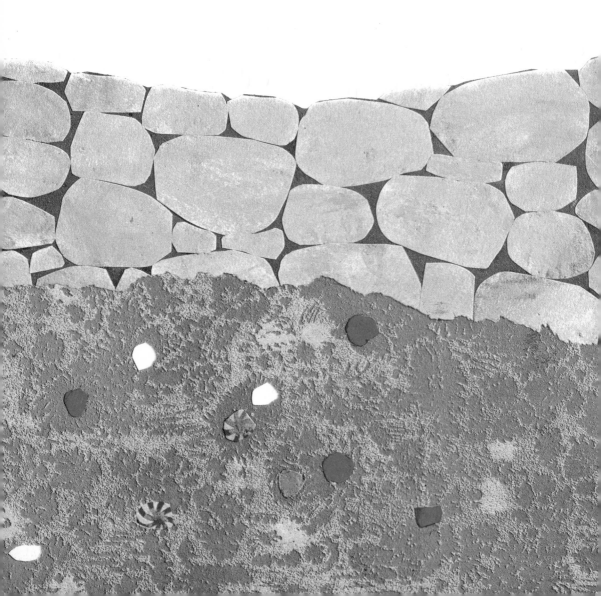

In dieser Mauer – nahe bei Scheuer und Kornspeicher –
wohnte eine Familie schwatzhafter Feldmäuse.

Aber die Bauern waren weggezogen, Scheuer und
Kornspeicher standen leer. Und weil es bald Winter
wurde, begannen die kleinen Feldmäuse Körner,
Nüsse, Weizen und Stroh zu sammeln.
Alle Mäuse arbeiteten Tag und Nacht.
Alle – bis auf Frederick.

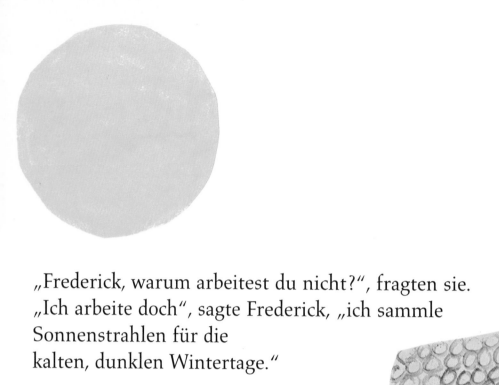

„Frederick, warum arbeitest du nicht?", fragten sie.
„Ich arbeite doch", sagte Frederick, „ich sammle
Sonnenstrahlen für die
kalten, dunklen Wintertage."

Und als sie Frederick so dasitzen sahen, wie er auf die Wiese starrte, sagten sie: „Und nun, Frederick, was machst du jetzt?" „Ich sammle Farben", sagte er nur, „denn der Winter ist grau."

Und einmal sah es so aus, als sei Frederick halb eingeschlafen.
„Träumst du, Frederick?", fragten sie vorwurfsvoll.
„Aber nein", sagte er,
„ich sammle Wörter. Es gibt viele lange
Wintertage – und dann wissen wir nicht mehr,
worüber wir sprechen sollen."

Als nun der Winter kam und der erste Schnee fiel,
zogen sich die fünf kleinen Feldmäuse
in ihr Versteck zwischen den Steinen zurück.

In der ersten Zeit gab es noch viel zu essen,
und die Mäuse erzählten sich Geschichten
über singende Füchse und tanzende Katzen.
Da war die Mäusefamilie ganz glücklich!

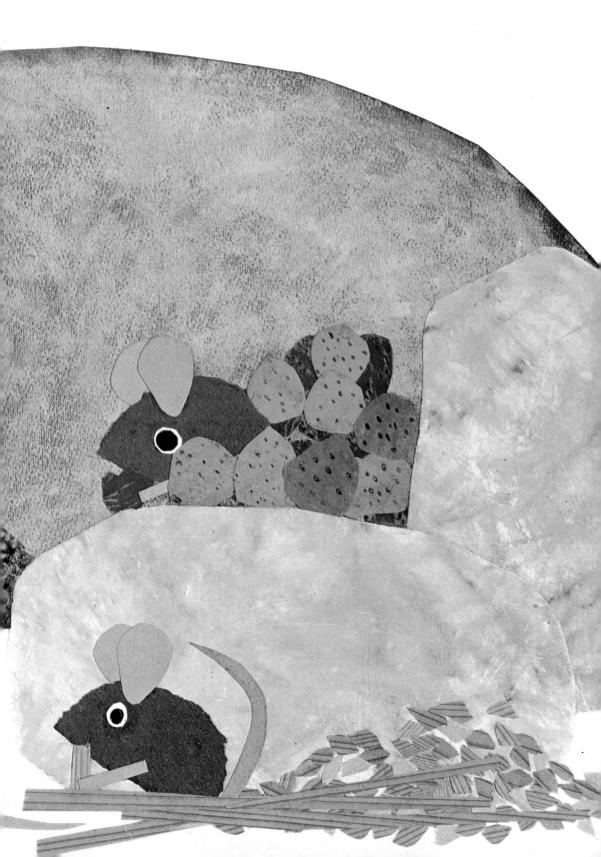

Aber nach und nach waren fast alle Nüsse
und Beeren aufgeknabbert, das Stroh
war alle, und an Körner konnten sie
sich kaum noch erinnern.
Es war auf einmal sehr kalt
zwischen den Steinen
der alten Mauer,

und keiner wollte mehr sprechen.

Da fiel ihnen plötzlich ein,
wie Frederick von Sonnenstrahlen,
Farben und Wörtern gesprochen hatte.
„Frederick!", riefen sie,
„was machen *deine* Vorräte?"

„Macht die Augen zu", sagte Frederick
und kletterte auf einen großen Stein.
„Jetzt schicke ich euch die Sonnenstrahlen. Fühlt ihr schon,
wie warm sie sind?
Warm, schön und golden?"
Und während Frederick so
von der Sonne erzählte,
wurde den vier
kleinen Mäusen
schon viel
wärmer.

Ob das Fredericks Stimme
gemacht hatte?
Oder war es ein Zauber?

„Und was ist mit den Farben, Frederick?",
fragten sie aufgeregt.
„Macht wieder eure Augen zu",
sagte Frederick. Und als er von
blauen Kornblumen und roten
Mohnblumen im gelben
Kornfeld und von grünen
Blättern am Beerenbusch
erzählte, da sahen sie
die Farben so klar
und deutlich
vor sich,

als wären sie aufgemalt
in ihren kleinen
Mäuseköpfen.

„Und die Wörter, Frederick?"
Frederick räusperte sich, wartete
einen Augenblick, und dann
sprach er wie von einer
Bühne herab:

Als Frederick aufgehört hatte,

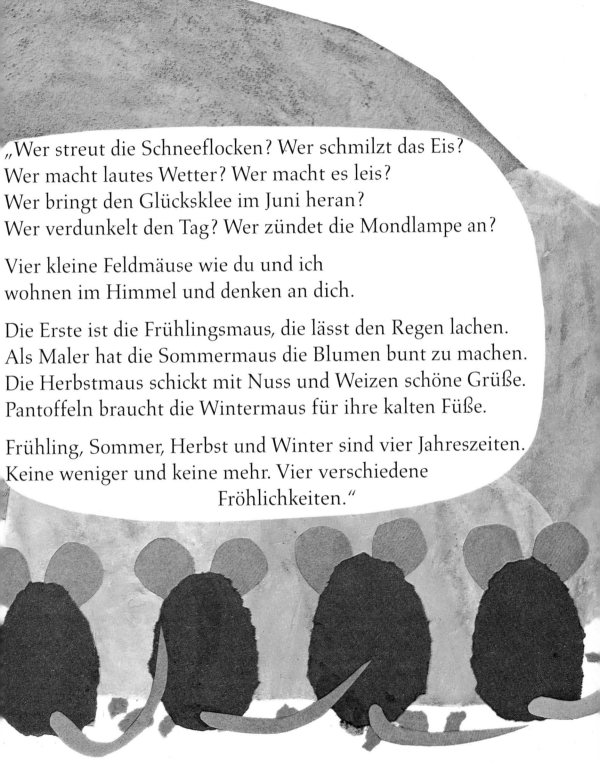

„Wer streut die Schneeflocken? Wer schmilzt das Eis?
Wer macht lautes Wetter? Wer macht es leis?
Wer bringt den Glücksklee im Juni heran?
Wer verdunkelt den Tag? Wer zündet die Mondlampe an?

Vier kleine Feldmäuse wie du und ich
wohnen im Himmel und denken an dich.

Die Erste ist die Frühlingsmaus, die lässt den Regen lachen.
Als Maler hat die Sommermaus die Blumen bunt zu machen.
Die Herbstmaus schickt mit Nuss und Weizen schöne Grüße.
Pantoffeln braucht die Wintermaus für ihre kalten Füße.

Frühling, Sommer, Herbst und Winter sind vier Jahreszeiten.
Keine weniger und keine mehr. Vier verschiedene
Fröhlichkeiten."

klatschten alle und riefen: „Frederick, du bist ja ein Dichter!"

Frederick wurde rot, verbeugte sich und sagte bescheiden:
„Ich weiß es – ihr lieben Mäusegesichter!"

Die Deutsche Bibliothek – CIP-Einheitsaufnahme

Lionni, Leo:
Frederick / Leo Lionni. Dt. von Günter Bruno Fuchs. –
München : Middelhauve, 2000
(Middelhauve-Broschur)
Einheitssacht.: Frederick <dt.>
ISBN 3-7876-9540-0

Deutscher Jugendliteraturpreis / Auswahl

Middelhauve® Broschur
© Copyright Leo Lionni 1967
© Copyright 2000 Middelhauve Verlags GmbH, D-81675 München
Mit freundlicher Genehmigung von Alfred A. Knopf, Inc., New York

Printed in Germany

ISBN 3-7876-9540-0